LA DÉCLARATION UNIVERSELLE
DES DROITS DE L'HOMME

— Le combat pour les libertés
fondamentales

par Romain Parmentier

50MINUTES

LA DÉCLARATION UNIVERSELLE DES DROITS DE L'HOMME

- **Quand ?** Dans la nuit du 10 décembre 1948, lors de la 183e séance de l'Assemblée générale de l'Organisation des Nations unies (ONU).
- **Où ?** Au palais de Chaillot à Paris.
- **Contexte ?** L'après Seconde Guerre mondiale et la création de l'ONU.
- **Protagonistes principaux ?**
  - Eleanor Roosevelt, présidente de la Commission de rédaction de la Déclaration et première dame des États-Unis (1884-1962).
  - René Cassin, membre de la Commission des droits de l'homme et juriste français (1887-1976).
- **Répercussion ?** La création progressive d'un corpus juridique international, régional et national visant le respect des droits de l'homme et des libertés fondamentales.

Le 10 décembre 1948, l'Assemblée générale des Nations unies promulgue la Déclaration universelle des droits de l'homme. Ce texte à effet international revêt à lui seul une incroyable portée symbolique dans un monde qui sort à peine des horreurs de la Seconde Guerre mondiale (1939-1945). Il reconnaît à chaque individu, du simple fait de sa nature humaine, un ensemble de droits et de libertés fondamentales considérés comme inaliénables et rendant tous les hommes égaux entre eux, quelle que soit leur nationalité, leur religion, leur profession ou leur ethnie. Constituée de 30 articles, la Déclaration se veut un véritable rempart contre l'oppression et la tyrannie.

La reconnaissance de ces droits est cependant longue et semée d'embûches. Car dans un monde où la loi du plus fort prévaut souvent sur la dignité humaine, les droits de l'homme ne vont pas de soi. Ignorés par les monarques absolutistes, étouffés par les colonisateurs et la recherche exacerbée de profit, et pratiquement annihilés par la barbarie des dictateurs, les droits de l'homme sont le fruit d'une conquête acharnée à travers les siècles, au prix du sang de milliers d'individus.

Ce n'est qu'au XXe siècle, face aux atrocités des totalitarismes telles que l'extermination programmée de millions d'hommes et de femmes dans les camps de concentration, que les nations du monde entier prennent conscience de la nécessité de garantir formellement des droits pour tous les êtres humains. C'est l'ONU qui se charge de cette mission en créant en 1946 une Commission chargée de rédiger une déclaration à portée universelle. Deux ans sont nécessaires pour clôturer ce travail consacrant ni plus ni moins que l'égalité entre tous les hommes de la planète.

CONTEXTE POLITIQUE, SOCIAL ET ÉCONOMIQUE

LE XIXe SIÈCLE : UN MONDE EN MUTATION

Conquête de chaque instant, les droits de l'homme connaissent plusieurs avancées majeures dès la fin du XVIIIe siècle. Les philosophes des Lumières sont nombreux à lutter contre l'arbitraire étatique, et la Révolution française de 1789 ainsi que l'énonciation des premiers droits fondamentaux marquent l'apogée de leur combat. Mais la lutte pour la reconnaissance des droits de l'homme est loin d'être terminée dans une Europe qui s'apprête à connaître, au XIXe siècle, de nouvelles inégalités.

Après de profonds bouleversements politiques, c'est au tour de l'économie européenne de subir d'importantes mutations. En l'espace de quelques décennies, les différents pays du continent connaissent la première révolution industrielle du fer, du charbon et de la machine à vapeur (1830-1870) qui, au-delà du boom économique qu'elle provoque, modifie ostensiblement les modes de vie de milliers d'hommes et de femmes. Quittant les campagnes, ces derniers viennent chercher un emploi dans les nombreuses usines qui voient le jour dans les villes. Mais le travail n'est nullement synonyme de prospérité pour la population européenne qui, conséquence de la croissance économique, double en à peine 50 ans. Dans ce nouveau monde où le capitalisme et le profit règnent en maîtres, les richesses se concentrent dans les mains de quelques hommes alors que ceux qui fournissent un lourd labeur au quotidien vivent dans des conditions déplorables. Aux antipodes de la haute bourgeoisie, une nouvelle classe sociale voit le jour : le prolétariat, dont les revendications sont incarnées par le socialisme.

Au-delà de ces transformations internes, le décollage économique et démographique du Vieux Continent lui impose une recherche continuelle de ressources alimentaires et de matières premières qu'elle n'arrive plus à produire elle-même. La nécessité de ces ressources mais aussi le besoin d'acquérir de nouveaux marchés pour écouler la production poussent dès lors les nations européennes dans une nouvelle vague de colonialisme et d'impérialisme. Suite aux explorations, l'Afrique et l'Asie tombent sous la coupe de l'Europe. En 1884, la conférence de Berlin entérine officiellement les nouvelles frontières coloniales, laissant le champ libre à une exploitation sans relâche des richesses et des peuples soumis par les nations européennes, au mépris de toute liberté.

LES RAVAGES DE LA GUERRE

Outre les répercussions néfastes sur les conditions de vie de la majeure partie de la population, l'incessante recherche de profits finit par semer la discorde entre les nations. Rivalités économiques et expansionnistes, jeux d'alliances et exacerbation des nationalismes poussent l'Europe au bord de la guerre. Le 28 juin 1914, l'assassinat à Sarajevo de l'archiduc François-Ferdinand (1863-1914), héritier du trône d'Autriche, met le feu aux poudres. Conséquence des alliances entre États (la Triple-Alliance et la Triple-Entente), cet incident isolé dans les Balkans plonge toute l'Europe dans la tourmente.

Toutefois, en 1914, tout le monde imagine que la guerre sera courte. Il n'en sera rien. Enlisées dans un conflit dans lequel aucune n'arrive à prendre l'avantage sur l'autre, les armées belligérantes s'enterrent pour quatre ans dans une guerre des tranchées aux conséquences dramatiques. Des millions d'hommes transformés en chair à canon sont confrontés à l'horreur suite à l'apparition de nouvelles armes toutes plus cruelles les unes que les autres (lance-flammes et gaz moutarde). À l'intérieur de chaque État, outre une asphyxie de l'économie plongeant les civils dans la misère, les libertés publiques sont fortement réduites par peur de l'espionnage. Lorsque la Première Guerre mondiale se termine le 11 novembre 1918, on compte entre neuf et dix millions de victimes.

Face à la cruauté de cette guerre, les vainqueurs espèrent qu'il s'agit là de « la der des ders ». Toutefois, le traité de Versailles de 1919 et ses sanctions stigmatisant et humiliant l'Allemagne vaincue portent en eux les germes d'un ardent désir de revanche. Fruits des rancœurs du passé, mais aussi des conséquences socio-économiques de la crise de 1929, des mouvements extrémistes tels que le fascisme, le nazisme et le stalinisme voient le jour. Le 1er sep-tembre 1939, l'Allemagne nazie d'Adolf Hitler (führer du IIIe Reich, 1889-1945) plonge à nouveau le monde dans une guerre totale. Mais aux horreurs de la guerre s'ajoute un racisme paroxystique envers certaines communautés. Juifs, homosexuels, Tziganes et bien d'autres encore sont accusés de tous les maux de l'Allemagne et font l'objet d'une persécution continue, jusqu'à l'extermination totale dans les chambres à gaz des camps de concentration. La fin de la Seconde Guerre mondiale et de ses atrocités qui ont fait plus de 40 millions de victimes, dont 6 millions de Juifs, incitent les hommes à en finir définitivement avec les conflits en instaurant une paix durable garantissant les droits de l'homme.

L'ORGANISATION DES NATIONS UNIES

Dans la foulée du traité de Versailles de 1919, les pays vainqueurs avaient déjà tenté de mettre sur pied une organisation internatio-nale chargée de réguler les rapports entre les États et de garantir leur sécurité collective. Entrée en vigueur en 1920, la Société des Nations (SDN) ne possédait cependant pas les moyens suffisants pour intervenir en cas de conflit si bien qu'elle n'a pu empêcher le déclenchement de la Seconde Guerre mondiale. L'échec de la SDN sert néanmoins de leçon aux futurs fondateurs de l'Organisation des Nations unies dès 1941.

La guerre n'est en effet pas terminée que les Alliés réfléchissent déjà à la création d'une nouvelle organisation internationale afin de maintenir la paix entre les peuples. Les premiers à énoncer les futurs principes de cette nouvelle coopération ne sont autres que Winston Churchill (Premier ministre britannique, 1874-1965) et Franklin Roosevelt (président américain, 1882-1945), dans la Charte de l'Atlantique, le 14 août 1941. Le projet est ensuite approfondi et complété lors des rencontres successives auxquelles participent également l'URSS et la Chine (conférence de Moscou en 1943 ; conférence de Dumbarton Oaks en 1944 ; conférence de Yalta en 1945). La conférence de San Francisco, débutant le 25 avril 1945, vient clôturer le processus. Le 26 juin, la Charte de l'ONU est signée par 50 États fondateurs – auxquels s'ajoute la Pologne quelques jours plus tard – et, le 24 octobre, elle entre en vigueur, mettant fin à la SDN dont la dissolution est actée le 31 juillet 1947.

Contrairement à la SDN, l'ONU se dote d'une force armée (les Casques bleus) et d'un pouvoir de sanction lui permettant de remplir efficacement son objectif premier de maintien de la paix. Elle se compose par ailleurs d'une Assemblée générale réunissant tous les pays membres, d'un Conseil de sécurité composé de cinq membres permanents (les États-Unis, l'URSS, la France, le Royaume-Uni et la Chine) ainsi que de dix États non-permanents, d'un secrétariat général, d'un Conseil économique et social, d'une Cour internationale de justice et enfin d'organismes auxiliaires tels que, notamment, l'OMS, l'UNESCO et l'UNICEF.

Jusqu'à ce jour, l'ONU peut se vanter d'être parvenu à assurer la paix mondiale de manière globale. C'est toutefois moins le cas dans des conflits plus régionalisés où les intérêts entre les différentes nations ont souvent bloqué toute action de l'organisation, notamment durant la guerre froide (1945-1990) qui a vu s'opposer les États-Unis et l'URSS. Mais au lendemain de la Seconde Guerre mondiale, les préoccupations de l'ONU sont avant tout tournées vers la reconnaissance des libertés fondamentales auxquelles chaque homme a droit. Ce travail de plusieurs mois aboutit à un nouvel espoir : la Déclaration universelle des droits de l'homme.

ACTEURS PRINCIPAUX

Même si nous ne présentons ici que deux contributeurs importants à la Déclaration universelle des droits de l'homme, il ne faut pas perdre de vue que son initiative revient à l'ensemble de la communauté internationale. De même, les idées qui la traversent sont largement tributaires de nombreux philosophes et intellectuels, tels que John Locke (philosophe anglais, 1632-1704) ou Jean-Jacques Rousseau (philosophe français, 1712-1778), qui se sont succédés depuis l'époque des Lumières. Cette déclaration est aussi la leur.

ELEANOR ROOSEVELT

Fille d'Elliot et d'Anne Roosevelt, Eleanor Roosevelt voit le jour à New York le 11 octobre 1884. Elle est par ailleurs la nièce de Théodore Roosevelt (1858-1919), président des États-Unis de 1901 à 1909. Son enfance est marquée par les décès successifs de sa mère en 1892 et de son père deux ans plus tard, faisant d'elle une orpheline à seulement dix ans. Sa grand-mère prend alors en charge son éducation et l'envoie dans une école réputée de Londres où elle développe un intérêt évident pour les causes sociales.

De retour à New York, elle fait la connaissance d'un lointain cousin, Franklin Roosevelt, avec qui elle se marie en 1905. Active dans la société à l'instar de son mari, Eleanor consacre une grande partie de son temps à des œuvres éducatives et sociales. Durant la Première Guerre mondiale, elle entre même dans le service public en travaillant pour la Croix-Rouge. Sa vie est néanmoins complètement bouleversée en 1933 lorsque son époux devient président des États-Unis.

Contrairement à ce qui est de rigueur, Eleanor Roosevelt n'entend pas rester dans l'ombre de son mari. En tant que première dame, elle n'hésite pas à collaborer avec le président et à donner son avis sur d'importants sujets économiques et internationaux. Elle participe ainsi activement à la mise en place du *New Deal*, la politique interventionniste instaurée pour lutter contre les conséquences de la crise de 1929. Elle s'intéresse également à la condition des femmes, au sort des populations noires, aux rapports entre les États-Unis et l'URSS, et à l'entrée en guerre des États-Unis en 1941.

En 1945, suite à la mort de son mari, Eleanor Roosevelt pense dans un premier temps que sa vie publique est terminée. Mais c'est loin d'être le cas. Le président Harry Truman (1884-1972) la délègue comme représentante des États-Unis à l'Assemblée générale de l'ONU, de même qu'au Conseil économique et social. Très soucieuse du respect de la dignité humaine, elle est naturellement portée à la présidence de la Commission des droits de l'homme, de 1946 à 1951, chargée de l'élaboration d'une déclaration à portée universelle. Présidant les travaux et les débats, l'ancienne première dame présente la Déclaration universelle des droits de l'homme en séance plénière de l'Assemblée générale le 10 décembre 1948, considérant ce travail comme l'œuvre de sa vie.

Eleanor Roosevelt poursuit ensuite son rôle de représentante à l'ONU jusqu'en 1953. Alors qu'elle s'est retirée de la vie publique, elle est toutefois rappelée par le président John Fitzgerald Kennedy (1917-1963) en 1961 pour présider la Commission américaine sur le statut de la femme. Elle y reste moins d'un an et décède d'un cancer le 7 novembre 1662 à New York. Six ans plus tard, elle reçoit à titre posthume le Prix des Nations unies pour les droits de l'homme.

RENÉ CASSIN

Rédacteur principal de la Déclaration, René Cassin est un juriste et juge français né à Bayonne dans une famille juive le 5 octobre 1887. Licencié ès droit de l'université d'Aix-en-Provence en 1908, il poursuit ses études et devient docteur en droit de la faculté de Paris, puis avocat au barreau en 1914. Lorsque la guerre éclate, René Cassin est incorporé dans l'armée comme simple soldat. Les horreurs du conflit ne l'épargnent pas. Grièvement blessé par des tirs de mitrailleuse, il reste à jamais marqué par la Grande Guerre, ce qui l'amène à fonder l'Union fédérale des anciens combattants et mutilés de guerre.

Une fois le conflit terminé, René Cassin reprend ses activités. Il enseigne notamment le droit dans plusieurs universités de France, mais représente surtout son pays pendant 18 ans à la SDN. En juin 1940, face à l'avancée fulgurante des troupes allemandes d'Hitler, le juriste décide de rejoindre le général Charles de Gaulle (homme d'État français, 1890-1970) à Londres et devient son conseiller juridique en vue d'organiser la Résistance et de préparer la législation française d'après-guerre.

Vice-président puis président du Conseil d'État de la Libération en 1944 à 1960, il s'implique activement dans les débats internationaux en participant à la fondation de l'UNESCO. En 1946, il est choisi pour représenter la France à la Commission des droits de l'homme et entre dans le comité de rédaction de la future Déclaration. René Cassin devient alors un acteur clé des débats de la commission et rédige la majorité des articles du texte présenté en 1948. Il poursuit ensuite sa carrière en devenant membre de la Cour européenne des droits de l'homme de 1959 à 1965, puis président de 1965 à 1968. Ses importants travaux en la matière ainsi que l'ensemble de ses actions en faveur des libertés fondamentales lui valent le prix Nobel de la paix en 1968 grâce auquel il fonde l'Institut international des droits de l'homme. Âgé de 88 ans, ce messager de la paix décède le 20 février 1976 à Paris et repose depuis lors au Panthéon.

POUR UNE HISTOIRE DES DROITS DE L'HOMME

L'ANGLETERRE, PRÉCURSEUR DES DROITS DE L'HOMME

Les Droits de l'homme et la Déclaration universelle de 1948 ne sont pas le produit d'une seule poignée de personnes au sortir de la Seconde Guerre mondiale. Bien au contraire, ils jouissent d'une longue histoire s'étalant sur plusieurs siècles. Il reste toutefois difficile de donner une origine à ces libertés, d'autant plus que la conception même des droits de l'homme relève également d'une lente évolution et que plusieurs opinions s'opposent à propos d'éventuels prémices ici et là : le cylindre de Cyrus, les Dix Commandements, la philosophie gréco-romaine, etc.

LE CYLINDRE DE CYRUS

Le cylindre de Cyrus, découvert en 1879 lors de fouilles menées sur le site archéologique de l'ancienne Babylone, est un document écrit en cunéiforme sur un cylindre d'argile daté de 539 av. J.-C. Il a été exécuté à la demande de l'empereur de Perse, Cyrus II le Grand (vers 556-530 av. J.-C.) suite à la prise de Babylone par son armée. Souhaitant probablement s'attirer les faveurs de la population nouvellement conquise, il y décrète notamment la liberté des esclaves et la liberté de culte dans son empire. Ce document est ainsi considéré par certains comme le premier écrit attestant des droits de l'homme.

C'est néanmoins en Angleterre au XIIIe siècle qu'apparaissent les premières véritables revendications en faveurs des libertés considérées aujourd'hui comme des droits humains. Monarchie dirigée par la dynastie des Plantagenêts, l'Angleterre connaît à la fin du XIIe siècle et au début du XIIIe de nombreux échecs militaires contre le roi de France Philippe II Auguste (1165-1223). Ces défaites imputées au roi Jean sans Terre (1167-1216) couplées à ses excès financiers engendrent une rébellion de la noblesse. En juin 1215, les barons, refusant d'octroyer toute aide financière au roi sans contrepartie, réussissent à lui imposer la Grande Charte (*Magna Carta*). Ce document, en allant à l'encontre de l'arbitraire royal et en jetant les bases d'un régime parlementaire, marque une avancée majeure. L'un des points les plus importants de la Grande Charte n'est autre que l'instauration d'une certaine forme d'habeas corpus empêchant tout emprisonnement arbitraire d'une personne sans jugement.

Mais, même si elle a le mérite d'exister, cette charte profite avant tout à la noblesse et non à l'ensemble de la population. Le combat contre l'arbitraire monarchique est ainsi loin d'être terminé et il faut attendre plusieurs siècles pour voir apparaître la reconnaissance des droits naturels. C'est toujours en Angleterre, en avance sur le reste de l'Europe, qu'un corpus de textes législatifs voit le jour au XVIIe siècle pour garantir au peuple anglais un certain nombre de droits. La législation anglaise intègre tour à tour la Pétition des droits (1628), affirmant les pouvoirs du Parlement face au roi, l'Acte d'habeas corpus (1679), réaffirmant définitivement la garantie d'une procédure judiciaire légale pour les prévenus, et surtout le *Bill of Rights* (1689).

Ce dernier document est d'une importance capitale dans la genèse des Droits de l'homme puisqu'il met irrémédiablement fin à l'absolutisme des monarques anglais. L'Angleterre est alors en pleine Glorieuse Révolution (1688-1689). Sans verser une goutte de sang, elle renverse Jacques II (1633-1701) pour installer sur le trône la reine Marie II (1662-1694) et son époux le roi Guillaume III (1650-1702). Toutefois, avant de les consacrer, le Parlement rédige et impose aux futurs monarques une déclaration des droits instituant sa suprématie

sur le pouvoir royal et une séparation de fait des pouvoirs. En 1689,
l'Angleterre devient une monarchie constitutionnelle dans un État
de droit.

LE TEMPS DES DÉCLARATIONS

Riche de ses droits durement acquis, l'Angleterre évite pourtant
de les dispenser dans ses colonies américaines, ce qui ne sera pas
sans conséquence. Au XVIIIe siècle, la guerre de Sept Ans (1756-1763)
touche lourdement les finances britanniques, même si l'Angleterre
sort victorieuse de ce conflit avec la France. Les Anglais décident
dès lors d'accroître leur exclusivité commerciale sur les colonies
et d'augmenter les taxes sur certains produits comme les timbres
et le thé sans consulter au préalable les colons. Ces derniers, opposés
à de telles mesures, ne manquent pas d'invoquer le *Bill of Rights*,
notamment leur droit de refuser toute taxe non consentie par les
représentants de la population. Mais aucun colon n'a sa place au
Parlement de Londres. Devenant une question de principe plus
qu'économique, le slogan « *No taxation without representation* »
se repend très vite dans les colonies.

De son côté, l'Angleterre refuse de céder, tant et si bien que les
tensions finissent par dégénérer en conflits armés à l'image de
la célèbre *Boston Tea Party* de 1773. Ne pouvant obtenir les droits
qu'ils souhaitent par la diplomatie, les colons décident de gagner
leur indépendance par la force. En avril 1775 commence la guerre de
l'Indépendance américaine qui se terminera *in fine* par la naissance
des États-Unis en 1783. Entre-temps, les Pères fondateurs rédigent un
document faisant date dans l'histoire des droits de l'homme, à savoir
la Déclaration d'indépendance du 4 juillet 1776 rédigée par Thomas
Jefferson (homme d'État américain, 1743-1826). Consacrant les droits
naturels, ce texte, influencé par les réflexions de John Locke et par
la philosophie des Lumières, fait de la liberté et de la recherche du

bonheur des enjeux centraux contre la tyrannie. Il affirme également pour la première fois l'égalité entre les hommes, le droit à la vie et le droit à l'insurrection en cas d'oppression. En 1787, la Constitution des États-Unis et, surtout, ses amendements poursuivent l'élaboration des droits en garantissant la liberté de culte, de parole, de presse, de réunion et de pétition. Mais ces textes ont aussi leurs limites. Ainsi, l'égalité promise entre les hommes ne s'applique qu'aux Blancs et non aux autres ethnies, toujours soumises à l'esclavage.

Tout comme les droits anglais se sont diffusés sur le continent américain, les idées de la révolution américaine se répandent à leur tour. Partis au secours des colons américains durant la guerre de l'Indépendance, le marquis de La Fayette (homme politique et militaire français, 1757-1834) et des milliers de soldats français s'imprègnent ainsi des libertés instaurées en Amérique et les ramènent dans la France absolutiste de l'Ancien Régime qui se porte mal depuis plusieurs années déjà. Finances catastrophiques, endettement ou encore pénurie alimentaire forcent le roi Louis XVI (1754-1793) à convoquer les états généraux le 5 mai 1789 pour obtenir un nouvel impôt. Refusant la condition de privilégié des deux autres ordres, le tiers état, qui représente 96 % de la population, s'autoproclame Assemblée constituante et promet, le 20 juin, selon le principe de souveraineté nationale, d'offrir une constitution à la France. L'effondrement de l'absolutisme est en marche et, le 14 juillet, la prise de la Bastille entre dans les mémoires comme la fin de l'arbitraire royal.

Préparant la première Constitution française, l'Assemblée rédige et adopte la Déclaration des droits de l'homme et du citoyen entre le 20 et le 26 août 1789. Texte historique fondamental en 17 articles, cette déclaration deviendra par la suite un véritable modèle à suivre en matière de droits de l'homme, inspirant les différents peuples d'Europe, voire du monde entier. Proclamant des droits naturels et imprescriptibles à chaque individu, la Déclaration des droits de l'homme et du citoyen met fin aux privilèges en instaurant l'égalité de droits devant la loi, la justice et l'impôt, mais aussi les libertés de conscience, d'opinion, de pensée et le droit à la propriété. Cette proclamation des droits de l'homme à l'origine de bon nombre de démocraties européennes signe à elle seule la fin de l'Ancien Régime.

LA LENTE ACQUISITION DES DROITS

Véritable révolution pour son époque, la déclaration de 1789 instaure des droits civils et politiques. Mais en raison de l'instabilité politique qui règne en France au début du XIXe siècle, ceux-ci seront cependant bafoués pendant plusieurs années, lors de la Terreur (10 août-20 septembre 1792 et 5 septembre 1793-28 juillet 1794), de l'époque napoléonienne (le consulat de 1799-1804 et le Premier Empire de 1804-1815), de la Restauration (1814-1815 et 1815-1830) et du Second Empire (1852-1870). L'émergence du capitalisme crée en outre de nouvelles inégalités telles que l'exploitation des ouvriers ou le travail des enfants. Quant au droit de vote, durement acquis, il est encore loin d'être universel en Europe. Les femmes, dont l'émancipation prendra de nombreuses années, sont également totalement assujetties aux hommes. Enfin, l'esclavage toujours en vigueur dans de nombreuses régions du monde puis le colonialisme demeurent une insulte au principe d'égalité. Face à ces injustices, le XIXe et le début du XXe siècle sont le théâtre d'un combat continu en vue d'approfondir les droits de l'homme, notamment sur le plan social.

Puisant ses racines dans le XVIIIe siècle et surtout dans les conséquences sociales de la révolution industrielle, le socialisme devient au XIXe siècle le moteur des revendications en matière de droits. Son combat pour des conditions de logement et de travail décentes, pour un accès à l'éducation pour tous et une meilleure redistribution des richesses connaît un succès accru dès 1848 suite à la publication du *Manifeste du parti communiste* de Karl Marx (théoricien du socialisme et révolutionnaire allemand, 1818-1883). Mais ses idées sur la lutte des classes et la dictature du prolétariat donneront également naissance à des pays autoritaires tels que l'URSS (1922) ou la Chine (1949).

Les XIXe et XXe siècles voient ainsi une amélioration progressive des conditions de travail, notamment une augmentation des salaires et une réduction du temps de travail. En France, le droit de grève apparaît en 1864, suivi par le droit de syndicalisation 20 ans plus tard. Le travail des enfants est peu à peu réglementé par des limitations d'âge (neuf ans en 1833 en Angleterre ; huit ans en 1840, puis douze ans en 1874 en France) et de temps d'activité. Le développement de l'instruction scolaire à la fin du siècle, sa gratuité et son obligation (en 1881-1882 en France) finissent par mettre fin à l'exploitation des enfants en Europe. De même, le droit de vote au suffrage universel apparaît à des moments différents selon les pays : 1867 pour les hommes et 1918 pour les femmes en Angleterre ; 1848 pour les hommes et 1944 pour les femmes en France ; 1918 pour les hommes et 1948 pour les femmes en Belgique.

Outre ces droits, la question de l'esclavage est également au centre des revendications. Héritage des grandes découvertes, l'esclavage reste l'ombre au tableau de bien des nations qui prônent pourtant l'égalité entre les hommes. Dès la fin du XVIIIe siècle, des mouvements abolitionnistes voient le jour. À Haïti, l'affranchi Toussaint Louverture (1743-1803) mène la révolte des esclaves qui aboutit à l'abolition de l'esclavage dans toutes les colonies françaises en 1794. Le régime napoléonien fera toutefois machine arrière, au point qu'il faudra attendre 1815 pour voir la traite d'esclaves interdite et 1848 pour l'émancipation définitive des populations asservies. En avance sur son temps, l'Angleterre interdit la traite dès 1807 et émancipe ses esclaves en 1833. Dans d'autres régions du monde, l'abolition de l'esclavage fait l'objet de virulents conflits. C'est notamment le cas aux États-Unis où la question pousse la population à la guerre civile. Depuis leur naissance, les États-Unis sont divisés sur cette problématique. Les États du Nord, progressistes et en voie d'industrialisation, ont toujours été favorables à l'abolition de l'esclavage et n'ont d'ailleurs pas hésité à le prohiber dans les faits. Mais la situation est très différente dans le Sud où les grandes exploitations de coton tournées vers l'exportation ont besoin d'une main-d'œuvre servile pour maintenir leur profit. L'élection du président abolitionniste Abraham Lincoln (1809-1865) en 1860 finit de mettre le feu aux poudres et provoque la sécession de 11 États sudistes réunis dans une confédération. D'avril 1861 à avril 1865, la guerre de Sécession déchire les États-Unis et c'est au prix de plus 600 000 morts que la liberté est finalement accordée à tous les Américains. Bien entendu, la fin de l'esclavage ne met pas pour autant un terme à l'injustice. La ségrégation raciale et le colonialisme continuent de faire des ravages durant des décennies d'un bout à l'autre de la planète.

UN NOUVEL ESPOIR : L'ONU ET L'UNIVERSALISATION DES DROITS

Les droits de l'homme connaissent un certain nombre de progrès en Europe depuis 1789. Leurs avancées sont néanmoins remises en question par deux fois en moins de 50 ans. Combats acharnés entre démocraties et dictatures, les deux guerres mondiales ont failli annihiler les libertés acquises. C'est surtout le cas lors de la Seconde Guerre mondiale, au cours de laquelle l'idéologie raciste et totalitaire de l'Allemagne nazie a causé la suppression des libertés et le génocide de tout un peuple. Mais si les dictatures sont plus fortes à court terme, les démocraties le sont pour leur part à long terme, même si c'est au prix de nombreuses vies. À la suite de ces deux conflits traumatisants, l'homme, qui vient d'inventer la bombe atomique, prend conscience de l'ampleur de sa capacité de destruction. C'est avant tout pour s'en prévenir qu'il crée dans la foulée de la Libération l'Organisation des Nations unies.

Garante de la paix, l'ONU se veut un exemple à suivre en matière de droits de l'homme comme le démontre sa Charte. Le troisième paragraphe de l'article premier énonçant les buts et principes de l'organisation dit en effet vouloir « réaliser la coopération internationale en résolvant les problèmes internationaux d'ordre économique, social, intellectuel ou humanitaire, en développant et en encourageant le respect des droits de l'homme et des libertés fondamentales pour tous, sans distinction de race, de sexe, de langue ou de religion ». À l'époque, il s'agit toutefois de déterminer ce qu'on entend par « droits de l'homme et libertés fondamentales ». Or au sein de cette organisation rassemblant des pays aux évolutions et aux cultures diverses, la réponse ne va pas de soi. La charge de définir les droits de l'homme est d'emblée attribuée au Conseil économique et social de l'ONU. Ayant pour objectif de rédiger une nouvelle déclaration des droits, le Conseil crée le 16 février 1946 la Commission des droits de l'homme.

Composée de représentants de 18 États membres des quatre coins du globe, la Commission prend officiellement ses fonctions en décembre 1946 sous la direction d'Eleanor Roosevelt. Un laborieux travail de documentation débute alors pour rassembler toutes sortes d'informations et de recommandations au sujet des droits de l'homme avec l'aide d'autres organes de l'ONU, mais aussi d'une série d'ONG, telles que la Ligue internationale des droits de l'homme. Plusieurs pays font par ailleurs des propositions de déclaration attentivement analysées par la Commission. Le 24 mars 1947, Eleanor Roosevelt demande enfin la création d'un comité de rédaction dont les membres sont :

- Charles Dukes (1880-1948), représentant du Royaume-Uni ;
- René Cassin, représentant de la France ;
- Eleanor Roosevelt, représentante des États-Unis, présidente du comité ;

- William Hodgson (1892-1958), représentant de l'Australie ;
- Peng-chun Chang (1893-1957), représentant de la Chine, vice-président du comité ;
- Alexander Bogomolov (1900-1969), représentant de l'URSS ;
- John Peter Humphrey (1905-1995), directeur de la Division des droits de l'homme des Nations unies ;
- Charles Habib Malik (1906-1987), représentant du Liban, rapporteur du comité ;
- Hernan Santa Cruz (1906-1999), représentant du Chili.

La rédaction de la déclaration est une tâche ardue, au point que différents groupes de travail voient le jour. René Cassin est chargé de rédiger bon nombre d'articles de la future déclaration, ce qui lui donne indéniablement un caractère occidental. Ses propositions sont ensuite analysées, révisées et amendées par le comité de rédaction, puis par la Commission dans son ensemble. À partir de janvier 1948, celles-ci sont également transmises aux différents gouvernements afin que chacun puisse donner son avis. Le 18 juin, la Commission se met finalement d'accord sur un projet de Déclaration.

LA LIBERTÉ EN 30 ARTICLES : LA DÉCLARATION UNIVERSELLE DES DROITS DE L'HOMME

Le 10 décembre 1948, le projet, qui prend le nom de Déclaration universelle des droits de l'homme, est finalement présenté à l'Assemblée générale lors de sa 183e séance plénière : 48 États votent pour, aucun contre, et huit, en désaccord avec certains articles sans toutefois remettre en cause le principe même de la déclaration, s'abstiennent de voter (la Biélorussie, la Tchécoslovaquie, la Pologne, l'Arabie saoudite, l'Ukraine, l'Afrique du Sud, l'URSS et la Yougoslavie). L'événement est historique car pour la première fois une communauté d'États s'accorde et définit une série de droits et de libertés reconnus comme inaliénables à chaque homme, femme et enfant à travers le monde. En outre, l'Assemblée vote des résolutions annexes sur le droit de pétition, sur le droit des minorités, ainsi que sur une publicité la plus large possible de la Déclaration universelle. En souvenir de ce jour, le 10 décembre est devenu la journée internationale des Droits de l'homme.

Eleanor Roosevelt présente le texte de la Déclaration universelle des droits de l'homme.

Formidable source d'inspiration pour défendre les libertés et combattre les injustices et l'oppression, la Déclaration universelle des droits de l'homme se compose d'un préambule suivi par une série de 30 articles définissant les droits et les libertés fondamentales de chaque humain, quel que soit sa nationalité, son sexe, sa couleur, sa religion, sa langue ou toute autre spécification. À plus d'un titre, la Déclaration universelle s'inspire et reprend des éléments de la déclaration de 1789. Elle est aussi un savant compromis entre les idées libérales et les idées socialistes.

Aux droits obtenus par les révoltes et les révolutions anglaises et américaines, elle ajoute les acquis civils et politiques de la déclaration de 1789, ainsi que la majorité des avancées sociales du XIXe et du début du XXe siècle. On y retrouve ainsi la liberté et l'égalité entre les hommes, mais aussi leur droit à la vie, leur liberté d'opinion, d'expression, de pensée, de religion et de conscience, ou encore leur droit à la propriété, à une personnalité juridique et à l'habeas corpus, mais aussi leur liberté de vote et d'éligibilité, de même que la reconnaissance du suffrage universel. Parmi les droits sociaux et économiques, on trouve le droit au travail, à la protection sociale par les syndicats, à la sécurité sociale, au repos, au loisir, au bien-être ou encore à l'éducation. La liberté de circulation des personnes, leur droit à l'asile et à la nationalité sont également présents. Enfin, incompatibles avec le respect de la dignité humaine, l'esclavage et la torture sont définitivement prohibés. La Déclaration universelle fait donc la synthèse de plusieurs siècles de revendications en faveur des droits de l'homme. Toutefois en 1948, ce texte n'a aucune valeur juridique. Accepté par la communauté internationale après les horreurs de la guerre, il a certes une importante force morale, mais il n'est nullement contraignant pour les États. Le combat pour les droits de l'homme est donc loin d'être terminé.

RÉPERCUSSIONS

LES GARDIENS DES DROITS DE L'HOMME

N'ayant aucune valeur juridique, la Commission des droits de l'homme, qui observe le respect des droits de chacun de par le monde, ne peut au final donner que des recommandations et ne dispose d'aucun pouvoir de sanction. Elle poursuit dès lors ses travaux afin de créer un corpus juridique et de codifier les Droits de l'homme. En 1966, ses efforts aboutissent à la rédaction de deux pactes légalement contraignants pour les États qui les ratifient : d'une part, le Pacte international relatif aux droits civils et politiques ; d'autre part, le Pacte international relatif aux droits économiques, sociaux et culturels.

Conciliées dans la Déclaration universelle, les deux grandes catégories de droits ainsi définies sont ici séparées. Autrement dit, la signature de l'un des pactes n'implique pas nécessairement celle de l'autre. Cette division est principalement due au contexte de guerre froide et à la dualité entre les idées libérales et sociales. Par exemple, le droit à la propriété s'oppose au droit au logement. Faut-il exproprier les grands propriétaires terriens pour donner un logement et des terres à tous, ou faut-il au contraire garantir la propriété de chacun ? Ainsi, si le bloc de l'Ouest signe le premier pacte, le bloc de l'Est signe le second.

Il faut néanmoins attendre l'année 1976 pour que les deux pactes entrent réellement en application, après la ratification d'au moins 35 États. Aujourd'hui, ils sont entrés en vigueur dans la majorité des pays du monde (168 pays pour le premier pacte, 163 pour le second). Avec la Déclaration universelle, les Pactes forment la

Charte internationale des droits de l'homme. Cette législation a désormais force de loi dans les États qui l'ont ratifié et qui, de ce fait, sont obligés de l'appliquer. Par ailleurs, la Commission (appelée Conseil des droits de l'homme depuis 2006) a à présent le pouvoir de traiter les violations aux droits de l'homme et réalise chaque année un rapport pour chaque pays. Avec le temps, le corpus juridique international s'est encore élargi par une série de conventions, elles aussi contraignantes, notamment contre la discrimination raciale (1966), contre la discrimination envers les femmes (1976), contre la torture et les traitements inhumains (1984), pour les droits de l'enfant (1989) ou encore pour les droits des handicapés (2006). L'évolution des droits n'est cependant pas terminée. De nouvelles thématiques telles que l'environnement ou le sous-développement sont sans aucun doute les prochains enjeux en la matière.

À côté des apports internationaux, les Droits de l'homme bénéficient également de la protection d'instances régionales. En 1950, le Conseil de l'Europe voit ainsi le jour et rédige la Convention européenne de sauvegarde des droits de l'homme et des libertés fondamentales qui entre en vigueur en 1953. Toute personne lésée dans ses droits peut ainsi faire appel à la Convention une fois tous les recours internes à son pays épuisés. La Cour européenne des droits de l'homme, créée en 1959 par la Convention, est quant à elle chargée de faire justice en cas de litige et de violation des droits de l'homme.

Enfin, il faut également mentionner le rôle majeur joué par la multitude d'organisations non gouvernementales dont le nombre n'a cessé de croître depuis la Déclaration universelle. Certaines ONG sont bien entendu antérieures aux Droits de l'homme comme la Ligue des droits de l'homme fondée en 1898. Leur importance est capitale pour maintenir les autorités et les populations en alerte contre le non-respect des libertés. Fondée en 1961, Amnesty International est un des exemples emblématiques de ce devoir d'enquête et dresse chaque année un rapport sur l'état des droits et des libertés dans le monde.

LE COMBAT CONTINUE

Légalisés et protégés, les Droits de l'homme sont pourtant constamment menacés par la barbarie et le despotisme de certains hommes. À titre d'exemple, l'année 1994 est à jamais gravée dans les mémoires comme celle d'une terrible guerre civile au Rwanda qui a vu s'opposer les ethnies tutsie et hutue et qui a causé le génocide d'environ 800 000 Rwandais, en majorité Tutsis, du simple fait de leur appartenance ethnique. Un an plus tard, l'Europe connaît à son tour un acte d'une barbarie inouïe avec le massacre à Srebrenica (Bosnie-Herzégovine) de près de 8 000 hommes, femmes et adolescents bosniaques par les forces armées serbes en raison de leur appartenance à la religion musulmane, sous le regard impuissant des Casques bleus de l'ONU.

Certains pays sont par ailleurs le théâtre de discriminations et d'atteintes flagrantes aux libertés bien qu'ils soient membres de l'ONU, voire pour certains du Conseil des droits de l'homme. C'est notamment le cas de l'Arabie saoudite, pour ne citer qu'elle, qui, riche de son pétrole, se permet de bafouer continuellement la Déclaration universelle. Ce pays a maintenu l'esclavage jusqu'en 1962, et continue aujourd'hui d'empêcher l'émancipation des femmes en les plaçant sous l'autorité complète des hommes et en leur interdisant d'avoir les mêmes droits qu'eux – l'exemple le plus absurde étant le refus de leur octroyer le permis de conduire ou la libre circulation. Pourtant, à cause de l'importance économique de l'Arabie saoudite, aucun État membre de l'ONU ne sanctionne véritablement ce pays, au grand dam des ONG.

Enfin, comment ignorer les tragédies causées par les mouvements terroristes et djihadistes ces dernières années ? Les attentats du 11 septembre 2001 commandités par al-Qaida, les massacres et les enlèvements imputés au groupe terroriste Boko Haram au Nigéria, les exécutions arbitraires de dizaines de journalistes par l'État islamique ou encore les attentats perpétrés à Paris en vue de détruire le journal satirique *Charlie Hebdo* sont autant d'atteintes à la liberté d'expression, à la démocratie et par là même aux Droits de l'homme, avec lesquelles les démocraties doivent désormais rivaliser.

Ainsi, malgré l'avènement d'une reconnaissance internationale des droits de l'homme et des libertés fondamentales, le combat se poursuit pour faire respecter ces droits durement acquis par des millions d'hommes. La Déclaration universelle des droits de l'homme n'est certes pas parfaite, mais elle reste une lumière, une force d'espoir et d'inspiration face au visage obscur et cruel que peut parfois revêtir le monde, pour que « tous les êtres humains naissent libres et égaux en dignité et en droits » (article 1 de la *Déclaration universelle des droits de l'homme*).

EN RÉSUMÉ

Juin 1215	Jean sans Terre est contraint d'adopter la *Magna Carta*
1628	La Pétition des droits affirme le pouvoir du Parlement anglais face au roi
1679	L'Acte d'Habeas corpus garantit une procédure judiciaire pour tous les prévenus en Angleterre
1689	Le *Bill of Rights* met fin à l'absolutisme des monarques anglais
1776	La Déclaration d'indépendance des États-Unis consacre les droits naturels de l'homme
1789	Révolution française
Août 1789	Adoption en France de la Déclaration des droits de l'homme et du citoyen
1946	Mise en place de la Comission des droits de l'homme
10 déc. 1948	La Déclaration universelle des droits de l'homme est adoptée
1966	Rédaction des deux Pactes ayant force de loi

- Bien que lacunaires et incomplets, des droits sont reconnus à l'homme dès l'Antiquité, comme en témoigne le cylindre d'argile de Cyrus II le Grand exécuté en 539 av. J.-C. et garantissant la liberté de culte et la liberté des esclaves dans l'Empire perse.

- En Europe, c'est en Angleterre que les droits de l'homme voient le jour. Au XIIIe siècle, le roi Jean sans Terre est ainsi contraint d'octroyer à ses barons la *Magna Carta* limitant l'arbitraire royal et instaurant une certaine forme d'habeas corpus.

- Le corpus juridique anglais, toujours en avance sur son temps, est par la suite complété et approfondi par une série de textes tels que la Pétition des droits (1628), l'Acte d'habeas corpus

- (1679) et surtout le *Bill of Rights* (1689) qui fait de l'Angleterre une monarchie constitutionnelle.

- Ces idées novatrices pour l'époque ne sont pourtant pas appliquées dans les colonies sous domination britannique, suscitant chez les colons un sentiment d'injustice et une volonté profonde de liberté. Le 4 juillet 1776, la Déclaration d'indépendance des États-Unis place l'égalité et la liberté au premier rang des droits de l'homme. Elle est ensuite complétée par la Constitution de 1787.

- En 1789, alimentée par les réflexions des Lumières et par les idées américaines, la France connaît à son tour une révolution visant purement et simplement à en finir avec l'absolutisme. En août 1789, l'Assemblée constituante dote le pays d'une Déclaration des droits de l'homme et du citoyen, accordant à chacun des droits naturels et imprescriptibles.

- À partir de cette date, la déclaration de 1789 devient un modèle à suivre. La lutte pour les droits se poursuit néanmoins dans le contexte des transformations socio-économiques que connaît l'Europe du XIXe siècle. La recherche continue de liberté et d'égalité se conjugue désormais avec une lente acquisition des droits sociaux et économiques.

- Le XIXe et le début du XXe siècle voient ainsi la reconnaissance du droit au travail, à la protection sociale, à la grève, à l'instruction et bien d'autres encore. Le travail des enfants est limité puis prohibé en dessous d'un certain âge. Le vote au suffrage universel est progressivement acquis dans les pays démocratiques. Enfin l'esclavage est aboli dans la plupart des régions du monde.

- Après les guerres mondiales, la communauté internationale décide de créer l'ONU afin de protéger la paix, mais aussi de garantir les droits de l'homme et les libertés fondamentales à l'échelle internationale. En 1946, la Commission des droits de l'homme est mise sur pied avec comme objectif de rédiger une déclaration.

- Après plusieurs mois de labeur, le comité de rédaction, dirigé par Eleanor Roosevelt et largement tributaire des travaux de René Cassin, rédige un projet de Déclaration universelle des droits de l'homme. Cette dernière est soumise au vote et est acceptée par l'Assemblée générale de l'ONU le 10 décembre 1948.
- Sans valeur juridique, la Déclaration universelle est complétée par deux pactes internationaux et une série de conventions à partir de 1966 en vue de mettre sur pied un corpus juridique contraignant et respecté par tous.

LE TEXTE DE LA DÉCLARATION UNIVERSELLE DES DROITS DE L'HOMME

PRÉAMBULE

Considérant que la reconnaissance de la dignité inhérente à tous les membres de la famille humaine et de leurs droits égaux et inaliénables constitue le fondement de la liberté, de la justice et de la paix dans le monde.

Considérant que la méconnaissance et le mépris des droits de l'homme ont conduit à des actes de barbarie qui révoltent la conscience de l'humanité et que l'avènement d'un monde où les êtres humains seront libres de parler et de croire, libérés de la terreur et de la misère, a été proclamé comme la plus haute aspiration de l'homme.

Considérant qu'il est essentiel que les droits de l'homme soient protégés par un régime de droit pour que l'homme ne soit pas contraint, en suprême recours, à la révolte contre la tyrannie et l'oppression.

Considérant qu'il est essentiel d'encourager le développement de relations amicales entre nations.

Considérant que dans la Charte les peuples des Nations unies ont proclamé à nouveau leur foi dans les droits fondamentaux de l'homme, dans la dignité et la valeur de la personne humaine, dans l'égalité des droits des hommes et des femmes, et qu'ils se sont déclarés résolus à favoriser le progrès social et à instaurer de meilleures conditions de vie dans une liberté plus grande.

Considérant que les États membres se sont engagés à assurer, en coopération avec l'Organisation des Nations unies, le respect universel et effectif des droits de l'homme et des libertés fondamentales.

Considérant qu'une conception commune de ces droits et libertés est de la plus haute importance pour remplir pleinement cet engagement.

L'Assemblée générale proclame la présente Déclaration universelle des droits de l'homme comme l'idéal commun à atteindre par tous les peuples et toutes les nations afin que tous les individus et tous les organes de la société, ayant cette Déclaration constamment à l'esprit, s'efforcent, par l'enseignement et l'éducation, de développer le respect de ces droits et libertés et d'en assurer, par des mesures progressives d'ordre national et international, la reconnaissance et l'application universelles et effectives, tant parmi les populations des États membres eux-mêmes que parmi celles des territoires placés sous leur juridiction.

ARTICLE PREMIER

Tous les êtres humains naissent libres et égaux en dignité et en droits. Ils sont doués de raison et de conscience et doivent agir les uns envers les autres dans un esprit de fraternité.

ARTICLE 2

1. Chacun peut se prévaloir de tous les droits et de toutes les libertés proclamés dans la présente Déclaration, sans distinction aucune, notamment de race, de couleur, de sexe, de langue, de religion, d'opinion politique ou de toute autre opinion, d'origine nationale ou sociale, de fortune, de naissance ou de toute autre situation.

2. De plus, il ne sera fait aucune distinction fondée sur le statut politique, juridique ou international du pays ou du territoire dont une personne est ressortissante, que ce pays ou territoire soit indépendant, sous tutelle, non autonome ou soumis à une limitation quelconque de souveraineté.

ARTICLE 3

Tout individu a droit à la vie, à la liberté et à la sûreté de sa personne.

ARTICLE 4

Nul ne sera tenu en esclavage ni en servitude ; l'esclavage et la traite des esclaves sont interdits sous toutes leurs formes.

ARTICLE 5

Nul ne sera soumis à la torture, ni à des peines ou traitements cruels, inhumains ou dégradants.

ARTICLE 6

Chacun a le droit à la reconnaissance en tous lieux de sa personnalité juridique.

ARTICLE 7

Tous sont égaux devant la loi et ont droit sans distinction à une égale protection de la loi. Tous ont droit à une protection égale contre toute discrimination qui violerait la présente Déclaration et contre toute provocation à une telle discrimination.

ARTICLE 8

Toute personne a droit à un recours effectif devant les juridictions nationales compétentes contre les actes violant les droits fondamentaux qui lui sont reconnus par la constitution ou par la loi.

ARTICLE 9

Nul ne peut être arbitrairement arrêté, détenu ou exilé.

ARTICLE 10

Toute personne a droit, en pleine égalité, à ce que sa cause soit entendue équitablement et publiquement par un tribunal indépendant et impartial, qui décidera, soit de ses droits et obligations, soit du bien-fondé de toute accusation en matière pénale dirigée contre elle.

ARTICLE 11

1. Toute personne accusée d'un acte délictueux est présumée innocente jusqu'à ce que sa culpabilité ait été légalement établie au cours d'un procès public où toutes les garanties nécessaires à sa défense lui auront été assurées.

2. Nul ne sera condamné pour des actions ou omissions qui, au moment où elles ont été commises, ne constituaient pas un acte délictueux d'après le droit national ou international. De même, il ne sera infligé aucune peine plus forte que celle qui était applicable au moment où l'acte délictueux a été commis.

ARTICLE 12

Nul ne sera l'objet d'immixtions arbitraires dans sa vie privée
sa famille, son domicile ou sa correspondance, ni d'atteintes à son
honneur et à sa réputation. Toute personne a droit à la protection
de la loi contre de telles immixtions ou de telles atteintes.

ARTICLE 13

1. Toute personne a le droit de circuler librement et de choisir sa
résidence à l'intérieur d'un État.

2. Toute personne a le droit de quitter tout pays, y compris le sien,
et de revenir dans son pays.

ARTICLE 14

1. Devant la persécution, toute personne a le droit de chercher asile
et de bénéficier de l'asile en d'autres pays.

2. Ce droit ne peut être invoqué dans le cas de poursuites réellement fondées sur un crime de droit commun ou sur des agissements
contraires aux buts et aux principes des Nations unies.

ARTICLE 15

1. Tout individu a droit à une nationalité.

2. Nul ne peut être arbitrairement privé de sa nationalité, ni du droit
de changer de nationalité.

ARTICLE 16

. À partir de l'âge nubile, l'homme et la femme, sans aucune res-
triction quant à la race, la nationalité ou la religion, ont le droit de
se marier et de fonder une famille. Ils ont des droits égaux au regard
du mariage, durant le mariage et lors de sa dissolution.

. Le mariage ne peut être conclu qu'avec le libre et plein consente-
ment des futurs époux.

. La famille est l'élément naturel et fondamental de la société et a
droit à la protection de la société et de l'État.

ARTICLE 17

. Toute personne, aussi bien seule qu'en collectivité, a droit à
la propriété.

. Nul ne peut être arbitrairement privé de sa propriété.

ARTICLE 18

Toute personne a droit à la liberté de pensée, de conscience et
de religion ; ce droit implique la liberté de changer de religion
ou de conviction ainsi que la liberté de manifester sa religion ou
sa conviction seule ou en commun, tant en public qu'en privé,
par l'enseignement, les pratiques, le culte et l'accomplissement
des rites.

ARTICLE 19

Tout individu a droit à la liberté d'opinion et d'expression, ce qui
implique le droit de ne pas être inquiété pour ses opinions et celui de

chercher, de recevoir et de répandre, sans considération de frontières, les informations et les idées par quelque moyen d'expression que ce soit.

ARTICLE 20

1. Toute personne a droit à la liberté de réunion et d'association pacifiques.

2. Nul ne peut être obligé de faire partie d'une association.

ARTICLE 21

1. Toute personne a le droit de prendre part à la direction des affaires publiques de son pays, soit directement, soit par l'intermédiaire de représentants librement choisis.

2. Toute personne a droit à accéder, dans des conditions d'égalité, aux fonctions publiques de son pays.

3. La volonté du peuple est le fondement de l'autorité des pouvoirs publics ; cette volonté doit s'exprimer par des élections honnêtes qui doivent avoir lieu périodiquement, au suffrage universel égal et au vote secret ou suivant une procédure équivalente assurant la liberté du vote.

ARTICLE 22

Toute personne, en tant que membre de la société, a droit à la sécurité sociale ; elle est fondée à obtenir la satisfaction des droits économiques, sociaux et culturels indispensables à sa dignité et au libre développement de sa personnalité, grâce à l'effort national et à la coopération internationale, compte tenu de l'organisation et des ressources de chaque pays.

ARTICLE 23

1. Toute personne a droit au travail, au libre choix de son travail, à des conditions équitables et satisfaisantes de travail et à la protection contre le chômage.

2. Tous ont droit, sans aucune discrimination, à un salaire égal pour un travail égal.

3. Quiconque travaille a droit à une rémunération équitable et satisfaisante lui assurant ainsi qu'à sa famille une existence conforme à la dignité humaine et complétée, s'il y a lieu, par tous autres moyens de protection sociale.

4. Toute personne a le droit de fonder avec d'autres des syndicats et de s'affilier à des syndicats pour la défense de ses intérêts.

ARTICLE 24

Toute personne a droit au repos et aux loisirs et notamment à une limitation raisonnable de la durée du travail et à des congés payés périodiques.

ARTICLE 25

1. Toute personne a droit à un niveau de vie suffisant pour assurer sa santé, son bien-être et ceux de sa famille, notamment pour l'alimentation, l'habillement, le logement, les soins médicaux ainsi que pour les services sociaux nécessaires ; elle a droit à la sécurité en cas de chômage, de maladie, d'invalidité, de veuvage, de vieillesse ou dans les autres cas de perte de ses moyens de subsistance par suite de circonstances indépendantes de sa volonté.

2. La maternité et l'enfance ont droit à une aide et à une assistance spéciale. Tous les enfants, qu'ils soient nés dans le mariage ou hors mariage, jouissent de la même protection sociale.

ARTICLE 26

1. Toute personne a droit à l'éducation. L'éducation doit être gratuite, au moins en ce qui concerne l'enseignement élémentaire et fondamental. L'enseignement élémentaire est obligatoire. L'enseignement technique et professionnel doit être généralisé ; l'accès aux études supérieures doit être ouvert en pleine égalité à tous en fonction de leur mérite.

2. L'éducation doit viser au plein épanouissement de la personnalité humaine et au renforcement du respect des droits de l'homme et des libertés fondamentales. Elle doit favoriser la compréhension, la tolérance et l'amitié entre toutes les nations et tous les groupes raciaux ou religieux, ainsi que le développement des activités des Nations unies pour le maintien de la paix.

3. Les parents ont, par priorité, le droit de choisir le genre d'éducation à donner à leurs enfants.

ARTICLE 27

1. Toute personne a le droit de prendre part librement à la vie culturelle de la communauté, de jouir des arts et de participer au progrès scientifique et aux bienfaits qui en résultent.

2. Chacun a droit à la protection des intérêts moraux et matériels découlant de toute production scientifique, littéraire ou artistique dont il est l'auteur.

ARTICLE 28

Toute personne a droit à ce que règne, sur le plan social et sur le plan international, un ordre tel que les droits et libertés énoncés dans la présente Déclaration puissent y trouver plein effet.

ARTICLE 29

1. L'individu a des devoirs envers la communauté dans laquelle seul le libre et plein développement de sa personnalité est possible.

2. Dans l'exercice de ses droits et dans la jouissance de ses libertés, chacun n'est soumis qu'aux limitations établies par la loi exclusivement en vue d'assurer la reconnaissance et le respect des droits et libertés d'autrui et afin de satisfaire aux justes exigences de la morale, de l'ordre public et du bien-être général dans une société démocratique.

3. Ces droits et libertés ne pourront, en aucun cas, s'exercer contrairement aux buts et aux principes des Nations unies.

ARTICLE 30

Aucune disposition de la présente Déclaration ne peut être interprétée comme impliquant pour un État, un groupement ou un individu un droit quelconque de se livrer à une activité ou d'accomplir un acte visant à la destruction des droits et libertés qui y sont énoncés.

POUR ALLER PLUS LOIN

SOURCES BIBLIOGRAPHIQUES

- AGI (Marc), *René Cassin, fantassin des Droits de l'homme*, Paris, Plon, 1979.
- BERCIS (Pierre), *Guide des droits de l'homme. La conquête des libertés*, Paris, Hachette, 1993.
- BERTRAND (Maurice), *L'ONU*, Paris, La Découverte, 2006.
- CONAC (Gérard), DEBENE (Marc) et TEBOUL (Gérard), *La Déclaration des droits de l'homme et du citoyen de 1789. Histoire, analyse et commentaires*, Paris, Economica, 1993.
- « Déclaration universelle des droits de l'homme », in *Nations unis*, consulté le 10 février 2015.
  http://www.un.org/fr/documents/udhr/#a23
- HALPÉRIN (Jean-Louis), *Histoire des droits en Europe de 1750 à nos jours*, Paris, Flammarion, 2005.
- OBERDORFF (Henri), *Droits de l'homme et libertés fondamentales*, Paris, Librairie générale de droit et de jurisprudence, 2011.
- ROBIEN (Beata de), *Les passions d'une présidente : Eleanor Roosevelt*, Paris, Perrin, 2000.
- VERDOODT (Albert), *Naissance et signification de la Déclaration universelle des droits de l'homme*, Louvain, Société d'étude morales et sociales et juridiques, 1964.

SOURCES COMPLÉMENTAIRES

- HENNETTE-VAUCHEZ (Stéphanie) *et alii*, *Droits de l'homme et libertés fondamentales*, Paris, Dalloz, 2013.
- « La révolution industrielle et l'apparition du grand capitalisme », in *Histoire universelle. Le XIXe siècle en Europe et en Amérique du Nord*, tome 17, Paris, Hachette, 2007, p. 88-160.

- « Lutte parlementaire entre socialisme et capitalisme », in *Histoire universelle. Les guerres mondiales*, tome 19, Paris, Hachette, 2007, p. 1-50.
- ROUVILLOIS (Frédéric), *Les déclarations des droits de l'homme*, Paris, Flammarion, 2009.
- VINCENSINI (Jean-Jacques), *Le livre des droits de l'homme. Histoire et textes. De la Grande Charte (1215) aux plus récents pactes internationaux*, Paris, Laffont, 1985.

SOURCE ICONOGRAPHIQUE

- Eleanor Roosevelt présente le texte de la Déclaration universelle des droits de l'homme. La photo reproduite est réputée libre de droits.

FILM ET DOCUMENTAIRES

- *Les Droits de l'homme sont-ils universels ?*, émission KTO, France, 2008.
- *Les Droits de l'homme. Qu'est-ce que c'est ?*, court-métrage du site *United for Human Rights*, 2009.
- *Square. Les Droits de l'homme, à quoi ça sert ?*, émission Arte, France et Allemagne, 2014.
- Films présentés lors du Festival international du film des Droits de l'homme de Paris, http://www.festival-droitsdelhomme.org/paris/

MUSÉES ET MONUMENTS COMMÉMORATIFS

- Le Canadian Tribute to Human Rights à Ottawa (Ontario, Canada).
- Le monument des Droits de l'homme dans les jardins du Champs de Mars à Paris (France).
- Le musée canadien des Droits de la personne à Winnipeg (Manitoba, Canada).

- Le siège des Nations unies à New York (États-Unis).
- Le siège du Conseil des droits de l'homme des Nations unies à Genève (Suisse).
- L'International Slavery Museum à Liverpool (Angleterre).

www.50minutes.com

Éditeur responsable : Lemaitre Publishing
Rue Lemaitre 6 | BE-5000 Namur
info@lemaitre-editions.com

ISBN ebook : 978-2-8062-5946-2
ISBN papier : 978-2-8062-5947-9
Dépôt légal : D/2015/12603/137
Photo de couverture : réputée libre de droits.

Conception numérique : Primento,
le partenaire numérique des éditeurs